L.b 2848.

AF243121

RÉPONSES

A M. GUIZOT ET A M. THIERS.

RÉPONSES

A M. GUIZOT

ET

A M. THIERS.

PARIS,

CHEZ TOUS LES MARCHANDS DE NOUVEAUTÉS.

—

1839.

RÉPONSES

A M. GUIZOT ET A M. THIERS.

M. GUIZOT.

La coalition annonçait depuis quelque temps à la France trois brochures rédigées par M. Guizot, par M. Thiers et par M. Odilon Barrot. Ces écrits devaient servir à expliquer l'union actuelle de ces trois hommes politiques, et en cela ils eussent été éminemment utiles aux esprits simples, qui ont, en effet, besoin de quelques explications à cet égard. Il nous eût manqué, dans tous les cas, une explication de M. Garnier-Pagès et une explication de M. Berryer, qui font partie de l'association cimentée par MM. Guizot, Thiers et Odilon Barrot. Aujourd'hui la première de ces apologies a paru. C'est celle de M. Guizot. Elle consiste dans une simple lettre à ses commettants, dans laquelle M. Guizot se borne à attaquer le Gouvernement avec une passion assez mal recouverte d'un langage qui affecte des formes modérées. La violence des derniers discours de M. Guizot fait encore mieux ressortir cette tactique qui ne trompera personne.

M. Guizot reproche d'abord au ministère d'avoir dissous la Chambre après avoir été obligé de se retirer lui-même, parce qu'il ne trouvait pas une majorité suffisante pour le soutenir. Le ministère s'était retiré, en effet, en se voyant soutenu par une majorité de treize voix; il espérait que sa retraite rallierait une majorité plus grande à un cabinet auquel il comptait léguer les principes de paix, d'ordre, de loyauté et de modération, qui avaient triomphé dans la Chambre. Voyant que les engagements pris dans la coalition ne rendaient pas possible la formation d'un tel cabinet, le ministère du 15 avril est venu demander aux électeurs de décider une question d'une si haute importance pour la France. M. Guizot reproche au ministère la décision qu'il a prise; il demande pourquoi on s'est trouvé dans l'obligation de dissoudre la Chambre, et il répond à sa question par des paroles de blâme. M. Guizot a-t-il donc oublié que la dissolution de la Chambre a eu lieu plusieurs fois depuis 1830, et souvent par des motifs bien moins graves? Il s'agissait alors de renforcer une majorité qui pouvait diminuer par l'effet des promesses non réalisées qui lui avaient été faites. On craignait seulement de voir la Chambre se soustraire à l'influence de quelques ministres pour appuyer d'autres hommes qui auraient apporté au pouvoir des idées presque semblables à celles qui y dominaient. On voulait uniquement passer d'une nuance à l'autre, et sur cette simple appréhension, on n'hésitait pas à dissoudre la Chambre. Et aujourd'hui, qu'il s'agit de deux systèmes tout-à-fait opposés qui se trouvent en présence, on reproche au ministère d'en avoir appelé aux électeurs ! Il aurait violé la constitution et fait une sorte de coup d'état en convoquant les colléges électoraux, quand l'alliance de M. Guizot avec M. Odilon Barrot, l'alliance de M. Thiers avec M. Garnier-Pagès, donnent tant de force et d'influence au parti de la guerre et de la propagande ; quand les discours des hommes qui se disent les plus modérés dans l'opposition tendent directement à faire déchirer les traités, et à remettre en question tout ce qui semblait résolu depuis huit ans ! Dans un tel état de choses, M. Guizot s'étonne que le gouvernement de la France veuille encore une fois consulter le pays, et qu'il refuse de livrer son avenir à ceux qui l'engagent si légèrement, avant de l'avoir mis à même de décider, par le plus large de ses votes, dans cette grande question ! M. Guizot n'abusera personne par son étonnement. Sa conduite passée justifie mille fois le gouvernement, et prouve avec surabondance que jamais élections ne furent plus décisives et plus nécessaires.

Dans son étonnement affecté, M. Guizot va plus loin qu'il ne pense. Jamais, dit-il, *à aucune époque de leur vie*, les deux Chambres dissoutes par le ministère actuel ne se sont montrées possédées de l'esprit d'innovation ni de l'esprit de guerre. Elles ont sanctionné la politique de 1830 ; la dernière Chambre surtout recueille les éloges de M. Guizot. Elle a laissé toute latitude au gouvernement à l'égard de la Belgique ; elle a maintenu, à l'égard de l'Espagne, les principes modérés et pacifiques qu'elle avait manifestés dans sa première session ; elle a été étrangère à tout esprit d'envahissement intérieur et d'aventure extérieure ; elle a été favorable au système de la conservation et de la paix. Tels sont les éloges que M. Guizot accorde à la dernière Chambre ; telles sont les raisons qui le portent à blâmer violemment la dissolution.

M. Guizot semble avoir déjà oublié que ces actes si louables dont il félicite la Chambre, au nom desquels il eût voulu la voir maintenue, ont été accomplis malgré les efforts de la coalition, malgré la commission de l'adresse dont il faisait partie, malgré ses amis et malgré lui-même, qui a parlé le langage de l'opposition la plus avancée dans un de ses derniers discours, qui a nommé l'extrême gauche le parti du progrès, et qui, parlant de ses alliés actuels, de ses anciens adversaires de l'émeute, a déclaré qu'en descendant sur la place publique, ils avaient cédé à des passions légitimes dans leurs principes! Ainsi M. Guizot loue et félicite la Chambre d'avoir fait le contraire de ce qu'il proposait, d'avoir approuvé l'exécution de la convention d'Ancône, tandis qu'il s'élevait avec M. Thiers contre le respect religieux des traités; d'avoir repoussé l'intervention en Espagne, d'avoir laissé au gouvernement la faculté d'obéir au traité des **24** articles, lorsque la commission de l'adresse demandait à la Chambre une manifestation de principes tout contraires! M. Guizot, qui s'irritait si hautement contre la Chambre quand elle existait encore, la regrette et l'adule depuis que le ministère l'a dissoute; et le député qui s'écriait en pleine Chambre : « Il n'y a de majorité pour personne ici, » demande pourquoi il va se retrouver devant ses électeurs. Il nous semble que la réponse est toute prête, et que tout le monde pourra la lui faire à Lizieux.

Au lieu de se dire qu'au 15 avril le gouvernement, qui avait donné l'amnistie malgré M. Guizot, ne pouvait entrer dans cette voie nouvelle avec une législature dont grand nombre de membres étaient engagés dans un autre système, M. Guizot assigne une étrange cause à la dissolution qui eut lieu alors, comme à celle qui vient d'être prononcée. Le cabinet était étranger à la Chambre des députés; il ne pouvait y exercer aucune influence, aucune autorité. Sa politique était faible et peu nationale, et il était hors d'état de l'accréditer fortement. Voilà le fait dans sa vérité, dit M. Guizot; voilà le mal dans sa gravité.

Voyons nous-mêmes. Nous avons connu M. Guizot blâmant l'amnistie, la repoussant, la traitant d'acte de lâcheté et de faiblesse, quand le ministère l'eut accordée. Est-ce là ce que M. Guizot nomme la faiblesse de la politique du cabinet au dedans? Voudrait-il que le cabinet eût sévi rigoureusement contre ceux que M. Guizot nommait, il y a peu de jours, à la tribune, le parti du progrès, et qu'il les eût poursuivis quand, depuis l'amnistie, ce parti n'est pas sorti de l'opposition légale? Cette politique faible a donné au pays le repos qu'il souhaitait vivement depuis huit ans, et que n'avait pu lui donner la forte politique d'intimidation des doctrinaires. La politique faible du 15 avril a mis un terme aux attentats qui effrayaient la France et l'Europe; elle a fait naître une prospérité dont les effets se manifestent par un immense accroissement de recettes, et qui ne s'est arrêtée que depuis le commencement de la session, c'est-à-dire depuis que la France entrevoit la possibilité de jouir de tous les avantages de la politique forte que lui promet l'avénement des doctrinaires et de la gauche, préparé par les légitimistes et les républicains. Et quant à l'impuissance parlementaire du cabinet, elle a produit, malgré M. Guizot et ses alliés, vingt lois d'utilité publique et d'améliorations générales, dont l'une, celle des canaux, doublera en vingt ans les forces commerciales de la France. Or maintenant, M. Guizot vient se plaindre à ses électeurs de ce que, par la lutte des pouvoirs, les affaires du pays sont en souffrance; et après avoir attisé ardemment cette lutte à Paris, il se présente paisiblement à Lizieux, en déplorant que les questions des sucres, des chemins de fer, de la rente et de l'abolition de l'esclavage, soient retardées par les intrigues des partis ! M. Guizot suppose-t-il donc que ses électeurs n'ont pas lu ses discours, et pense-t-il que leurs affaires les absorbent au point d'ignorer ce qu'on dit et ce qu'on fait hors de la halle aux toiles de Lizieux ? Mais en supposant avec lui que les pensées de ses électeurs ne s'étendent pas au-delà de cette enceinte, ne leur serait-il pas resté quelque souvenir d'un discours de M. Guizot, prononcé là même, discours qui s'accorde mal avec ceux qu'il a prononcés depuis, et même avec les termes de sa lettre ?

Aux yeux de M. Guizot, les intérêts matériels de la France ne sont pas seuls compromis par le cabinet actuel; sa liberté est aussi en péril. Il est [évident que la modération avec laquelle s'exécutent les lois de septembre et les autres lois rigoureuses, nécessitées par des temps orageux, est un signe d'oppression, comme l'excédant de recettes signalé dans le budget est un signe de misère publique. Ce qui manque à M. Guizot, ce qu'il cherche, ce qu'il demande, c'est cette force qu'il possède sans doute, à l'aide de laquelle tout se décide et se tranche; ce qu'il voudrait, c'est un chef qui mène les affaires avec vigueur, qui marche en tête de la société, et qu'il compare à un soleil qui brille à l'horizon. C'est aux électeurs de Lizieux d'élever eux-mêmes ce chef sur le pavois, et de placer ce soleil au firmament, en faisant sortir avec éclat de l'urne électorale l'astre un peu obscurci de M. Guizot, qui s'approprie très modestement, comme on le voit, l'emblème et la devise de Louis XIV.

Après cette appréciation hyperbolique de lui-même on ne doit pas s'attendre à voir M. Guizot apprécier justement ses adversaires. Pour lui, la politique extérieure du cabinet du 15 avril se résume dans l'abaissement de l'influence de la France en Italie, en Suisse, en Belgique et en Espagne. Il est vrai qu'en Italie et en Belgique, la France a respecté les traités; qu'en Suisse elle les a fait respecter par les autres, et qu'elle n'a pas intervenu en Espagne. Quant à la situation prospère de notre colonie en Afrique, qui ajoute à notre influence en Europe, quant à nos faits d'armes au Mexique, à la sollicitude avec laquelle le gouvernement protége partout les intérêts de nos nationaux, sollicitude qui nous place, dans l'esprit des peuples étrangers, sur le même rang que l'Angleterre, M. Guizot ne daigne pas en dire un mot. Ce n'est pas pour parler de pareilles choses qu'il s'est mis à écrire à ses électeurs, et ces détails nuiraient à sa conclusion, qui est que les plus grands malheurs nous menacent *si le cabinet demeure*, et si les électeurs ne s'arrangent pour donner le pouvoir à M. Guizot et à ses amis.]

Il pourrait bien rester aux électeurs quelques scrupules. A qui donneront-ils le pouvoir en le donnant à M. Guizot? Si les électeurs de Lizieux en sont restés au discours que M. Guizot prononça dans l'enceinte de leur ville, leurs voix peuvent-elles consciencieusement se porter sur l'auteur des derniers discours que M. Guizot a prononcés dans la Chambre, sur l'un des rédacteurs du projet d'adresse repoussé par la majorité? M. Guizot est au moins conséquent en ceci avec lui-même, que, dans sa lettre, il soutient et défend le projet d'adresse, et qu'il le justifie. Le projet d'adresse était juste envers le cabinet, selon M. Guizot, et assurément un des rédacteurs du projet ne peut tenir un autre langage; mais M. Guizot va plus loin et affirme que ce projet d'adresse était loyal, respectueux, et même *affectueux* pour la monarchie de juillet. Il est vrai que la Chambre en a jugé autrement, car elle a effacé de ce projet d'adresse tout ce qui lui semblait injuste, exagéré, et particulièrement le dernier paragraphe, qui rappelait les passages des discours violemment respectueux et hostilement affectueux adressés jadis à Louis XVI par une fameuse assemblée. M. Guizot, dont la pensée a subi quelques variations en peu de jours, se présente donc aux électeurs comme un des rédacteurs du projet d'adresse. Sa politique actuelle est celle qui a été exposée à la Chambre par les divers membres de la commission ; elle consiste à exécuter les traités quand l'intérêt de la France le commande, et à les décliner quand on croit mieux servir ces intérêts de la sorte. Les principes de M. Guizot sont ceux de M. Duvergier de Hauranne, pour lesquels il a demandé la solidarité. L'omnipotence de la Chambre des députés, l'annulation calculée des autres pouvoirs, telle est la base de ces principes. Quant au respect de la Couronne, il n'est besoin que de relire le dernier écrit de M. Duvergier et celui de M. de Rémusat pour savoir jusqu'où s'étend l'*affectueux* dévouement du parti doctrinaire, quand il se trouve en dehors du pouvoir.

M. Guizot ne pouvait se dispenser de parler de la coalition à ses électeurs ; mais son langage, d'ordinaire si résolu, se renferme ici dans un cercle bien timide, ou tracé avec une rare habileté. M. Guizot dit qu'il s'est félicité de voir des opinions, des personnes amies sincères du Gouvernement de juillet, se rencontrer sur le terrain de l'adresse et agir de concert. Mais, de bonne foi, est-ce seulement sur le terrain de l'adresse que la coalition s'est réunie, et sont-ce uniquement des personnes amies sincères du Gouvernement de juillet qui figurent aux premiers rangs de la coalition ? Nous voulons bien admettre que M. Odilon Barrot soit un des amis sincères du Gouvernement de juillet, tel que l'entendent M. Guizot et ses amis, et c'est assurément une grande concession que nous faisons là ; mais M. Garnier-Pagès, M. Berryer, avec qui l'on vote, avec qui l'on se concerte chaque jour, et avec lesquels on échangera les suffrages dans les élections , sont-ils des amis sincères du Gouvernement de juillet ? Est-ce là, comme le dit M. Guizot, la mise en commun de sentiments , d'idées , d'intentions réellement semblables ? M. Guizot s'écrie à ce sujet qu'il voudrait bien savoir qui aurait le droit, qui « aurait « l'audace de trouver là quelque chose à redire. » Il n'y a rien à *redire* en effet, quand on voit la feuille rédigée par les doctrinaires, par M. Duvergier de Hauranne, par M. de Rémusat , et écrite sous l'influence de M. Guizot, annoncer la formation d'un comité électoral composé de républicains notoirement connus, qui doivent s'entendre avec le comité de la gauche et le comité doctrinaire. Il faudrait avoir bien de l'audace pour se récrier en voyant les mêmes articles paraître le même jour, à la fois, dans les journaux de la gauche , dans les feuilles radicales et dans la feuille doctrinaire. M. Guizot ne veut pas que les camps politiques soient des prisons où les hommes demeurent éternellement enfermés. Voilà pourtant ce que voulait le parti doctrinaire quand il était au pouvoir. Tout ce qui n'était pas lui devait être impitoyablement exterminé ou mis à l'écart , et les plus grands griefs qu'il élève contre ceux de ses adversaires qui défendent le pouvoir dans l'assaut que les doctrinaires lui livrent aujourd'hui , c'est que quelques-uns d'entre eux ont fait jadis partie de l'opposition. C'est justement cette doctrine qui avait porté le mal au point où il était quand les doctrinaires se sont vus forcés d'abandonner le pouvoir. C'est précisément parce qu'ils voulaient transformer les camps politiques en prisons, ou, pour être plus exacts, parce que la prison et l'exil étaient à leurs yeux les seuls moyens que devait employer le Gouvernement pour affaiblir les partis , que le ministère d'amnistie et de conciliation arriva si à propos et trouva tant d'approbation dans le pays

M. Guizot fraie maintenant avec les partis qu'il a si violemment combattus ; ce qu'il nommait la mauvaise queue de la révolution a cessé de lui paraître redoutable, et le parti de la République, ainsi que celui de la Restauration, ces deux *serpents* de l'absolutisme et de l'anarchie, comme il les nomme dans sa lettre, lui paraissent si innocents qu'il n'hésite pas à les réchauffer dans son sein constitutionnel. A la bonne heure ! Mais tant d'indulgence d'une part en faveur des gens qu'il a traités comme des criminels qu'il fallait poursuivre le fer à la main , et de l'autre tant de rigueur, tant d'injustes colères pour des hommes qui n'ont fait que continuer, par la voie de la conciliation, le système de paix et de modération que M. Guizot voulait établir par son inflexible sévérité ; ce sont là des contrastes qui ne peuvent s'expliquer par la logique. M. Guizot vient lui-même au-devant de l'explication qui se présente en se justifiant d'avoir conçu des projets d'ambition et d'avoir pris part à des intrigues. C'est à ses électeurs à peser, d'une part les faits, et de l'autre les deux mots de justification que M. Guizot leur jette en passant.

Nous mettrons toutefois quelques paroles dans la balance. « Tout ce qui s'est fait dans la coalition, dit M. Guizot, s'est passé au plus grand jour, sous l'œil du pays. » Nous n'avons cependant pas oublié qu'il y a un an, à l'époque où la coalition se forma secrètement, elle fut obstinément niée par tous ceux qui la composaient. Nous pourrions citer, au besoin, les injures qui furent adressées, à ce sujet, par les feuilles, alors non officielles, de la coalition à ceux qui la dévoilaient ; jamais M. Guizot n'avait songé à se coaliser avec M. Thiers, jamais M. Thiers avec M. Odilon Barrot. Les doctrinaires et l'extrême gauche ! les conservateurs et les radicaux ! quelle pensée infâme ! Le centre gauche ne protestait pas moins hautement ; il n'y avait qu'une voix dans ce parti contre les doctrinaires. Maintenant la coalisation est une chose sainte ; M. Guizot déclare qu'il se félicite de voir des républicains et des carlistes « s'engager au service d'une cause nationale, » c'est-à-dire voter avec les doctrinaires et le centre gauche contre le Gouvernement. Un pareil fait ne cause aucun embarras à M. Guizot ; il est même pour lui l'occasion de la réflexion la plus philosophique : « Le bien aussi est contagieux, dit-il, quiconque y touche en prend quelque chose ; on ne met pas le pied dans la bonne voie sans y faire un pas. » On peut en dire autant, ce nous semble, de la mauvaise, et M. Guizot, engagé dans le parti de l'opposition avec M. Garnier-Pagès, en est la preuve ; son dernier discours se sentait plus de l'extrême gauche, qu'il nommait le parti du progrès, que le dernier discours de M. Garnier-Pagès ne se sentait des bonnes doctrines de M. Guizot, qu'il fréquente, et nous n'avons pas encore vu que M. Berryer ait rien pris de l'opposition se disant conservatrice de la monarchie de juillet, qu'il soutient de son influence dans les élections et de son éloquence à la Chambre.

Maintenant que nous avons relevé tant d'étranges erreurs où est tombé bien volontairement M. Guizot, répondrons-nous à la dernière de ses attaques ? « L'opposition n'attaque que le cabinet, et le cabinet, dit-il, se cache derrière la Couronne. L'opposition persiste, le cabinet persiste à son tour, il veut absolument que la Couronne descende dans l'arêne et lui serve de bouclier. » Encore une fois, est-ce aux habitants d'un département voisin de la capitale, riche et éclairé, ou à une obscure commune de quelque province reculée, de quelque impraticable pays de montagnes, que s'adresse M. Guizot ? Le débat est-il déjà si embrouillé qu'on puisse y jeter impunément des paroles si contraires à la vérité? Aucun des électeurs de M. Guizot n'a donc lu les écrits du parti doctrinaire, que M. Guizot ose leur parler ainsi? Le projet d'adresse lui-même était-il autre chose que le résumé des discours et des écrits dont nous parlons? Dans ses écrits, dans ses discours, dans le projet d'adresse, la coalition accusait les ministres de ne pas couvrir suffisamment le trône par leur responsabilité, et les ministres n'ont cessé de protester contre des accusations aussi vagues et aussi mal fondées. Dès les premières séances de la Chambre, ils ont réclamé la responsabilité dont la coalition voulait les dessaisir afin de les mieux renverser; ils ont assumé sur eux toutes les conséquences bonnes ou mauvaises de leurs entreprises et de leur politique, et se sont défendus d'avoir obéi à d'autres influences qu'à celle de leur propre opinion quand elle avait dominé dans le conseil. Et quel ministère a plus courageusement usé de sa responsabilité que celui-ci? Il est vrai qu'il ne l'a jamais portée hors du cercle tracé par les lois; mais là on peut compter en combien de circonstances importantes il en a fait usage. L'amnistie d'abord, les premières élections, l'expédition de Constantine, l'ultimatum porté à Haïti, la grande conception des chemins de fer et des canaux, l'expédition du Mexique, celle de Buénos-Ayres, les travaux matériels en Afrique, le complément des armes spéciales, les sommations faites à la Suisse, et la dissolution même de la Chambre que blâme M. Guizot. Est-ce là un ministère faible, timide, qui recule devant sa responsabilité? Et quand il en réclame tout le poids, quand il le fait avec le courage, avec l'éloquence, avec la ténacité qu'il a montrés dans la discussion de l'adresse, M. Guizot vient lui dire qu'il s'efface derrière la Couronne et qu'il la fait servir de bouclier pour parer les coups que lui porte l'opposition! Oui, il est vrai, l'opposition s'est adressée à la Couronne, elle a audacieusement tenté de faire passer dans l'adresse, sous un faux vernis de respect, quelques lignes d'un pamphlet de M. Duvergier de Hauranne, écrit sous l'inspiration de M. Guizot, qui a réclamé lui-même la responsabilité des principes de ce pamphlet ; mais il est également vrai que le ministère du 15 avril a détourné, autant qu'il était en lui, toutes les attaques et qu'il s'est efforcé de les faire diriger contre lui seul.

M. Guizot peut dire à son aise que le ministère *a mal défendu la Couronne devant les Chambres*. Si le ministère a mal défendu la Couronne contre l'opposition, vous avouez donc que la coalition a attaqué la Couronne, et c'est justement là ce que vous venez de nier tout à l'heure. Mais le ministère a bien défendu le Trône, au contraire, car il a fait changer d'un bout à l'autre une adresse non respectueuse, non affectueuse, mais violente, mais hostile. Il n'en est rien resté, malgré les efforts réunis et répétés, durant douze jours, de M. Thiers, de M. Berryer, de M. Garnier-Pagès, de M. Odilon Barrot et de M. Guizot !

Nous venons d'analyser toute la lettre de M. Guizot à ses électeurs. Nous avons montré tantôt combien ses accusations sont vagues, et tantôt combien elles sont injustes. Nous concevons tout l'embarras de sa situation, et nous ne saurions en vouloir au député de Lizieux d'avoir eu la faiblesse de glisser plusieurs fois sur des vérités affligeantes pour lui. C'est par égard pour cette situation vraiment pénible que nous n'insistons pas nous-mêmes sur quelques points. Il nous a suffi de montrer que tout ne s'était pas passé au grand jour dans la coalition, et nous n'avons pas voulu rechercher par quelle série de concessions 't passé le chef du parti doctrinaire pour obtenir la voix des amis de M. Garnier-Pagès dans le collége électoral de Lizieux.

BLIOTHÈ...

Les anciens électeurs de M. Guizot vont être bien surpris de voir quels amis et quels collègues il leur a ménagés, et il y aura, à Lizieux comme ailleurs, bien des gens étonnés de voter ensemble, si toutefois les amis *sincères* du Gouvernement de juillet, que M. Guizot a recrutés dans le parti républicain et dans le parti légitimiste, ne font pas reculer les électeurs à qui s'adresse l'écrit qu'il vient de publier.

M. THIERS.

Ce matin, dès l'aube du jour, on distribuait gratuitement dans Paris, un écrit de M. Thiers adressé aux électeurs d'Aix. Il y a quelques jours, M. Guizot et M. Duvergier avaient fait distribuer, également à profusion, deux lettres à leurs commettants, véritables manifestes qui sont moins des plaidoyers en faveur de ceux qui les écrivent et de leur conduite, que des actes d'accusation contre le Gouvernement. Heureusement, ces accusations se réfutent les unes les autres, et le fait même de leur distribution simultanée suffira pour les neutraliser. C'est que les membres de la coalition sont, comme l'a dit si énergiquement M. Thiers dans un de ses écrits, des démentis donnés les uns aux autres, et il n'en est pas un qui ne soit la réfutation de son voisin.

M. Thiers débute en disant qu'il est aujourd'hui dans l'opposition, non pas seulement pour une question, mais pour la tendance générale du Gouvernement au dedans et au dehors. M. Guizot a élevé la même attaque contre le Gouvernement. Son accusation porte sur la faiblesse ou sur la décadence du pouvoir. M. Guizot ne précise pas davantage les faits. Le pouvoir monarchique s'amoindrit; voilà pourquoi M. Guizot s'est allié à M. Garnier-Pagès et aux républicains pour le relever! M. Thiers qui s'engage plus nettement dans les questions politiques, se plaint aussi amèrement de l'abaissement de la révolution de juillet en Europe, depuis sa sortie du ministère où il a été remplacé par M. Duchâtel et par M. Guizot ; et c'est dans le dessein de rendre à cette révolution et à ses principes la force qui leur manquent à cette heure, selon M. Thiers, que l'honorable député d'Aix a fait alliance avec M. Berryer ainsi qu'avec les députés légitimistes ; c'est dans ce but qu'il leur a promis sa voix et son appui dans les élections ! Nous ne devons, en effet, regarder que comme un demi-aveu les paroles de M. Thiers, qui dit à ses électeurs que, dans l'opposition où il figure, il rencontre M. Guizot, M. Odilon Barrot, M. Berryer et M. Garnier-Pagès. Les feuilles qui sont les organes officiels de M. Thiers et de ses amis les coalisés, ont annoncé que l'on s'était promis mutuellement de s'appuyer dans les colléges électoraux. Ce n'est donc pas là une simple rencontre, une sorte de réunion fortuite, et M. Thiers, en annonçant que sa destinée le condamne à combattre les républicains et les légitimistes, veut sans doute parler de ce qu'il fera dans l'avenir. Dans le moment présent, il combat avec eux et pour eux, et son influence est employée ouvertement à leur faciliter l'entrée de la Chambre. Il y a plus, c'est que, pour les questions extérieures du moins, M. Thiers veut tout ce que veulent ses adversaires futurs. Dans les questions relatives à la Belgique, à l'Espagne, à la convention d'Ancône, M. Thiers a pris des conclusions toutes conformes à celles de M. Garnier-Pagès et de M. Odilon Barrot. Le but est différent sans doute, mais qui juge bien, qui juge mal de la portée de ces principes et de leur effet sur l'avenir ? Lequel a raison de M. Thiers, qui, en espère le maintien de la monarchie de juillet, de M. Barrot, qui en attend la réalisation du fameux programme de l'Hôtel-de-Ville, ou de M. Garnier-Pagès, qui compte en voir sortir l'établissement de la république ? C'est ce qu'il appartient aux électeurs de décider. Leur décision sera bien utile ou bien funeste à la France.

M. Thiers en appelle à ses antécédents, il a embrassé franchement la révolution de juillet ; il lui a rendu des services qu'elle lui a bien payés en honneurs, en éclat, en réputation ; il veut la servir encore en réclamant pour elle une politique nationale, et un régime parlementaire franchement entendu et accepté. En un mot, M. Thiers demande au ministère actuel ce que l'opposition demandait à M. Thiers quand il était ministre, et quand elle l'accusait d'être un ministre de camarilla, qui s'entendait avec la sainte-alliance. Les termes de M. Thiers sont plus modérés, mais l'accusation est la même ; et nous désirons pour M. Thiers, mais sans l'espérer, qu'elle soit portée contre lui (car elle le sera à coup sûr) dans les termes qu'il emploie lui-même aujourd'hui. Il verra, malheureusement, que ses amis actuels ne suivront qu'en partie son exemple et qu'ils l'accuseront de toutes ces choses avec leur véhémence et leur rudesse d'autrefois.

Nous rendons toute justice à l'habileté avec laquelle M. Thiers justifie sa politique passée. Il fallait soutenir un gouvernement né d'un soulèvement populaire et de la défaite de la force publique. M. Thiers vint à son aide ; il aida au rétablissement de la force publique, qui était démoralisée, et qui avait besoin qu'on la rappelât au sentiment de sa puissance et de son devoir. Ce fut là sa première tâche et son premier effort.

Loin de tenter de diminuer le mérite qu'eut M. Thiers à cette époque, nous l'augmenterons encore à ses propres yeux en lui rappelant quelques circonstances qu'il peut avoir oubliées. M. Thiers faisait alors partie du ministère de M. Laffitte en qualité de sous-secrétaire d'état, et ses fonctions le rapprochaient assez du président du conseil pour qu'il eût sans cesse sous les yeux le spectacle déplorable d'une administration qui s'abandonnait elle-même, ne vivait que par de déplorables transactions avec un parti anarchique qui la dominait, et qui, dans tous ses actes et à toute heure, semblait demander pardon d'user quelque peu du pouvoir qu'elle avait reçu pour faire exécuter les lois et contenir les partis dans les limites de l'ordre. Ce spectacle, vu de si près, fut bien instructif pour l'esprit élevé de M. Thiers, car il se hâta de se rallier, avec M. Guizot, à l'homme ferme qui sauva le pays, déjà plongé dans l'anarchie, en rétablissant le sentiment de l'autorité en France. M. Thiers le suivit, et l'administration du 11 octobre vécut des principes du 13 mars. Uni alors aux doctrinaires, M. Thiers et ses amis du centre gauche travaillèrent glorieusement à maintenir le système fondé au 13 mars par M. Casimir Périer. Aujourd'hui les mêmes hommes, séparés pendant quelque temps, se réunissent pour le renverser. La monarchie de juillet, depuis neuf années orageuses qu'elle existe, leur semble-t-elle donc déjà à l'abri des dangers de son origine, qu'ils travaillent à la saper, ou du moins qu'ils retirent les mains qui la soutenaient pour les mettre dans celles de ses adversaires? Est-ce que les partis ont cessé d'agir contre elle, est-ce qu'ils se sont calmés au point qu'on puisse marcher avec eux quand on fait profession d'aimer la monarchie de juillet, leur faciliter les moyens de s'emparer des voies légales et des postes parlementaires, où ils pourront combattre avec moins de danger et plus de chances de succès que sur la place publique? M. Thiers et M. Guizot évoquent souvent le souvenir du 13 mars. Que dirait Casimir Périer en les voyant alliés à ceux qu'il a combattus si énergiquement dans l'émeute et dans la Chambre, et sur lesquels il a remporté la victoire qui a pacifié intérieurement la France? Et M. Thiers lui-même, qui a tenu si longtemps dans ses mains les républicains sous la clef des prisons du mont Saint-Michel, qui leur a refusé, au 22 février, l'amnistie donnée depuis par le ministère de M. Molé ; M. Thiers, qui n'a pas hésité à s'emparer de madame la duchesse de Berry, quand elle attentait au repos public, et l'a fait sortir d'une prison d'état, dépouillée de ce beau nom qui, aux yeux des siens, était son titre à réclamer le gouvernement de la France ; M. Thiers recherche l'appui et les votes de deux partis qu'il a si durement traités ! Cet appui, les partis le prêtent avec joie, non pas à un ancien ministre du 11 octobre, non pas à l'ami du Gouvernement de juillet, mais à un homme qui se trompe doublement quand il croit que les traités peuvent se déchirer sans qu'on ait la guerre, et quand il dit que la France de juillet peut supporter sans danger un assaut tel que celui qu'il lui livre aujourd'hui. Le parti républicain et le parti légitimiste savent bien que ce n'est pas au bénéfice de M. Thiers et de ses amis du 11 octobre que triomphera la coalition ; aussi se hâtent-ils de voter avec eux et de les soutenir dans les élections. M. Berryer voit assez quelles chances s'ouvriraient pour lui dans la guerre, et M. Garnier-Pagès a montré assez clairement à la tribune quelle puissance domine M. Odilon Barrot, qui, par la force des choses et la nature de leur opposition, domine ensemble M. Guizot et M. Thiers.

Nous ne refusons aucune sorte de justice à M. Thiers ; mais, en ce moment, nous ne lui devons que la justice. Nous ne pouvons donc lui accorder qu'en outre du concours qu'il apporta au ministère de Casimir Périer, il ait toujours résisté à l'entraînement populaire contre les partisans de la dynastie déchue et le clergé. La chute de la croix de Saint-Germain-l'Auxerrois, les désordres qui eurent lieu en cette circonstance, ceux de l'archevêché, ne trouvèrent pas en M. Thiers un adversaire très actif. Il est vrai qu'il a réparé depuis, par nombre d'actes éclatants et méritoires, ce moment d'oubli, dernier tribut payé à sa jeunesse et à l'esprit que lui dicta quelques pages de l'*Histoire de la Révolution*; mais cette erreur, cette seule erreur de conduite ne peut-elle autoriser les adversaires actuels de M. Thiers à supposer qu'il puisse en commettre quelques autres, et avons-nous le droit de les blâmer, quand nous les entendons s'écrier aujourd'hui que M. Thiers se laisse aller à l'enivrement de quelques fumées semblables? Heureusement, la conduite de M. Thiers au 13 mars, au 11 octobre, au 22 février, nous assure et nous permet d'affirmer que ses erreurs sont courtes. Hâtons-nous donc de prédire que celle-ci ne sera pas longue, et que la passion cessera bientôt de voiler les grandes et hautes lumières de son esprit.

Enfin, M. Thiers rappelle que le Gouvernement de juillet avait à son origine une troisième tâche, celle de résister à l'emportement des esprits, de s'opposer à l'excès des sentiments nationaux longtemps froissés, et qui venaient de faire explosion. En un mot, il fallait arrêter le mouvement populaire qui tendait à forcer le Gouvernement à s'associer aux révolutions soudaines qui éclataient à Bologne, à Bruxelles, à Varsovie. Nous sommes heureux de n'avoir ici à adresser que des éloges à M. Thiers. La tâche dont il parle, il sut la remplir pleinement pour sa part. Il prouva avec courage, à la tribune, que la France ne devait pas déchirer les traités, même défavorables, et que puisqu'elle avait subi avec grandeur et une noble résignation ceux que la fortune des batailles lui avait imposés en 1815, il fallait les respecter encore. Il démontra avec une logique qui pénétra dans tous les esprits sensés et prévoyants, que ce respect des traités ferait nôtre force dans l'avenir, que l'Europe s'accoutumerait à prendre confiance dans ce gouvernement nouveau, dont elle se méfiait, et qu'elle voyait avec haine, M. Thiers n'hésita pas à suivre ce système dans toutes ses conséquences. Quand la révolution de Varsovie éclata, il démontra, en outre, que la Pologne était trop éloignée, qu'elle n'était pas dans notre rayon d'action politique ; il développa la carte, montra que cette Pologne est un pays de plaines qui compte à peine quelques places fortes, et n'hésita pas à conclure que, ni la nature, ni les hommes, ne l'avaient destinée à jouir de la nationalité et de l'indépendance. Plus tard, pour Bologne et les autres villes des Etats romains, M. Thiers déclara que la France n'ayant fait la guerre, ni pour reprendre les limites du Rhin, ni pour sauver la Pologne, ne devait pas risquer son avenir tout entier pour avoir le plaisir de donner des constitutions à quelques petites villes des Etats du pape, qui ne s'en souciaient guère. M. Thiers ne s'en tint pas là. En descendant de la tribune, il consigna ses opinions dans une brochure que lut l'Europe entière, et dont nous allons citer quelques passages. Ils ne sauraient être trop lus dans les circonstances où nous nous trouvons.

« Il fallait donner des frontières à la Belgique, écrivait M. Thiers. On a obtenu pour elle celles de 1790, mais avec des avantages qu'elle n'avait pas. Elle échange une portion du Limbourg contre des enclaves que la Hollande possédait ; elle a perdu une petite portion du Luxembourg, mais elle a, de plus qu'en 1790, la province de Liége, Philippeville et Marienbourg. Elle a la liberté de l'Escaut ; elle a la libre navigation des fleuves et des canaux de la Hollande. Elle peut en ouvrir de nouveaux sur le territoire de cette nation. Elle a Anvers au lieu de Maëstricht, c'est-à-dire du commerce au lieu de moyens de guerre. Elle supporte un tiers de la dette néerlandaise, en représentation de la dette austro-belge, antérieure à 1789, de la dette franco-belge, comprenant le temps de la réunion à la France, en représentation enfin de la part qu'elle devait prendre dans la dette contractée depuis 1815 par le royaume des Pays-Bas. Ces trois parts n'égalent pas sans doute le tiers qu'elle supporte, mais les avantages commerciaux qu'on lui a cédés présentent une surabondante compensation. La Hollande perd le Luxembourg, qui lui avait été donné en échange des principautés héréditaires de Dietz, Dillembourg, Hadamar, Siégen. Elle voit lui échapper l'immense monopole de l'Escaut; enfin on lui ravit cette Belgique qui, en 1815, avait été une consolation du cap de Bonne-Espérance et de tant de colonies perdues. A-t-on été bien injuste, bien dur envers les Belges, bien partial pour Guillaume? Ainsi, en récapitulant ce que la Belgique et nous avons gagné, nous dirons que la Belgique a gagné : d'être détachée de la Hollande, reconnue, constituée mieux qu'en 1790; pourvue de routes, de communications, d'avantages commerciaux; rendue neutre, ce qui veut dire garantie de la guerre ou secourue forcément par la France, l'un ou l'autre infailliblement; pourvue d'un roi qui la chérit déjà, et qui est la seule personne devenue populaire dans ce pays depuis un an et demi; appelée enfin à un bel avenir. Nous dirons que la France a gagné : d'abord tout ce qu'a gagné son alliée; ensuite la destruction du royaume des Pays-Bas, qui était une redoutable hostilité contre elle, une vaste *tête de pont,* comme on a dit; le remplacement de ce royaume par un état neutre qui la couvre, ou bien devient un allié utile, et lui permet de s'étendre jusqu'à la Meuse; la destruction des places qui lui étaient inutiles, puisqu'elle possède deux rangs de places sur cette frontière, et qui ne pouvaient être bonnes qu'à d'autres qu'à elles; par suite, un mouvement rétrograde, pour le système antifrançais de Mons et Tournai jusqu'à Maëstricht; enfin, la consécration d'une révolution. Il nous semble que de tels résultats, sans guerre, sont une des plus grandes nouveautés de la diplomatie; que le cabinet qui a su les obtenir n'a manqué ni de force ni d'habileté, et que les puissances qui les ont accordés n'étaient pas conjurées contre la France, résolues à sa perte. Leur noble modération était un retour dû à la noble modération de la France. »

M. Thiers ajoutait encore que le principe de non-intervention, établi par M. Molé, ne pouvait s'appliquer au monde entier. On ne peut, disait-il, l'appliquer qu'à certains États, à ceux dont les intérêts sont communs avec les nôtres, et il ne doit s'étendre qu'aux pays compris dans notre rayon de défense, c'est-à-dire la Belgique, la Suisse et le Piémont. Il n'est donc pas question de la Romagne! « Si la France eût fait autrement, dit M. Thiers, outre qu'elle prenait envers tous les peuples le fol engagement que nous venons de dire, elle acceptait la guerre contre l'Autriche, c'est-à-dire contre l'Europe, pour deux provinces italiennes ; elle faisait pour ces provinces ce qu'elle n'avait pas voulu faire pour se donner la Belgique ; elle changeait, pour les intérêts des autres, un système de paix qu'elle n'avait pas changé pour ses propres intérêts ; en se compromettant, elle jouait la liberté du monde pour la liberté de quelques cités italiennes. Ou les raisons qu'elle avait eues de renoncer au Rhin étaient insuffisantes, ou, si elles étaient suffisantes, elles devaient lui interdire de marcher aux Alpes, bien entendu, la Suisse et le Piémont restant intacts.

« Engager l'Autriche à se retirer, lui interdire de séjourner dans ces provinces, engager Rome à adoucir, à améliorer leur sort, était tout ce qu'on pouvait : sinon, on entreprenait une croisade universelle. La France avait tout risqué pour la Belgique, elle aurait tout risqué pour le Piémont ; elle ne le devait pas, elle ne le pouvait pas pour Modène et Bologne.

« Une autre question s'élevait d'ailleurs, question effrayante, celle de la papauté. L'insurrection réussissant, la papauté était obligée de s'enfuir et de prendre la route de Vienne, car nous n'étions pas là pour lui faire prendre celle de Savone ou de Paris. Or, nous le demandons, on sait ce que la papauté a fait à Paris ! Qu'eût-elle fait établie à Vienne ? Figurez-vous le pape à Vienne, tenant dans ses mains les consciences dévotes du midi et de l'ouest de la France ! C'était la guerre religieuse, jointe à la guerre territoriale et politique. C'étaient trois questions à la fois. »

Enfin, un an après la publication de cet écrit, M. Thiers le complétait en disant ces mémorables paroles à la Chambre :

« Qu'il me soit permis de m'étonner que les mêmes hommes qui se sont plaints que la France manquât de résolution et de dignité, qu'elle se laissât enlacer dans des négociations sans fin, viennent aujourd'hui se plaindre qu'on ait voulu mettre un terme à ces négociations, et faire exécuter les traités. La France a déjà montré une résolution qu'on a louée : *c'est lorsqu'elle a dit que la Belgique ne serait pas envahie par une armée prussienne.* Tout le monde a applaudi au noble courage que la France a déployé ce jour-là. *Il fallait encore donner une autre preuve de résolution, il fallait dire : Des traités ont été signés, ils seront exécutés.* »

Or, c'était M. Molé, alors ministre des affaires étrangères, qui avait dit que si un soldat prussien entrait en Belgique, nous y ferions entrer une armée ; mais M. Molé ne pouvait parler que du territoire accordé à la Belgique par les traités, et c'est ainsi que l'entendait également M. Thiers, on le voit par ses paroles. D'où vient donc qu'il conteste aujourd'hui le traité des 24 articles, signé par la France à la demande instante de la Belgique, et par la Belgique elle-même qui refuse de l'exécuter ?

M. Thiers reconnaît aujourd'hui que tel a été son système, en effet, et qu'il a appuyé le système de la *résistance* pendant huit années; mais M. Thiers prétend que le système a changé, que la politique des huit années a subi des altérations, des changements, et que lui étant resté le même, il n'a pas dû s'y associer.

Voyons donc comment M. Thiers, qui demande depuis deux ans l'intervention en Espagne, qui ne veut pas ratifier la convention qui obligeait la France à évacuer les Etats du pape, en même temps que les évacuaient les Autrichiens, qui ne veut pas qu'on exécute le traité des 24 articles, est le même que l'honorable député et l'écrivain dont nous venons de citer les écrits et les paroles.

« J'ai toujours cru, dit M. Thiers, qu'en toutes choses il y a un terme auquel il faut s'arrêter, qu'on ne doit pousser à bout aucun système politique. J'ai toujours été convaincu que tous les gouvernements ont péri pour n'avoir point su s'arrêter au point juste où une conduite, de bonne qu'elle était, devient mauvaise, excessive et dangereuse. L'ordre matériel rétabli, le Gouvernement devait discerner le moment où son existence n'était plus en péril, où la force publique, reconstituée, était partout prête à obéir, où les partis, avertis de cette disposition, renonçaient à prendre les armes. Ce jour-là, il devait devenir calme, impassible, renoncer à des mesures rigoureuses, désormais sans utilité suffisante. Il avait bien fait, du moins à mon avis, de frapper les associations qui permettaient à une jeunesse exaltée, à des ouvriers égarés, d'organiser publiquement des armées; il avait bien fait d'interdire à la presse la provocation à la révolte, l'outrage à la personne du roi. Mais quand aucun parti n'osait plus affronter la garde nationale et l'armée, quand la presse, sentant ses propres fautes, était moins provocatrice et moins outrageante, convenait-il d'ajouter des lois à des lois, jusqu'à ce qu'on rencontrât dans les Chambres un échec éclatant, celui de la loi de disjonction? »

M. Thiers s'élève ici, on le voit, contre la politique de M. Guizot et du parti doctrinaire. Il s'est séparé du Gouvernement à cause des lois de rigueur que les doctrinaires ont proposées et soutenues; ce qui lui semble excessif et dangereux, ce qui a commencé de l'éloigner, c'est le système d'intimidation doctrinaire, qui a survécu aux troubles qui l'avaient fait naître et auquel le ministère de l'amnistie a mis fin. Comment donc se fait-il que M. Thiers se trouve aujourd'hui l'allié, le soutien des doctrinaires, et qu'il soit l'adversaire le plus ardent du ministère d'amnistie? Jusqu'à présent nous nous étions refusés à croire que M. Thiers rédigeât lui-même *le Constitutionnel*, qui s'était pourtant vanté de sa coopération; mais voilà que M. Thiers tient exactement le langage du *Constitutionnel* et des journaux qui reprochent au ministère actuel des faits qui lui sont tout-à-fait étrangers. Hier même le parti se disant parlementaire résumait ses accusations par les cinq chefs suivants : Point de conversion de rente; point d'économie dans les dépenses; des lois de quitus ; des lois de dotation et d'apanage ; des lois de millions pour les palais royaux. A ces cinq chefs on a parfaitement répondu, en faisant remarquer : 1° que M. Thiers, ministre du 11 octobre, a combattu la conversion de la rente, et s'est engagé à la faire au 22 février; mais il n'y a pas même songé, et il a proposé l'intervention en Espagne, ce qui rendait la conversion impossible; 2° que M. Thiers étant ministre au 11 octobre, a demandé cent millions de travaux, et au 22 février des suppléments de crédit qui lui ont valu un outrageant discours de M. Duvergier ; 3° que la loi de quitus a été présentée par

M. Duchâtel; 4º que c'est sous le ministère de MM. Guizot, Duchâtel et Persil que les lois de dotations et d'apanage ont été présentées, et que c'est le cabinet du 15 avril qui les a retirées; 5º enfin que les embellissements de Versailles et de Fontaine-bleau n'ont rien coûté au pays, tandis que sous le ministère de M. Thiers et de M. Guizot il a été présenté une loi qui proposait de donner dix-huit millions au roi pour l'achèvement du Louvre. Or, le parti parlementaire actuel se compose de tous les hommes qui ont pris part aux actes que nous venons de citer.

« On avait bien fait, dans les premiers moments, ajoute M. Thiers, de résister à cette irritation, qui, en poursuivant ce qu'on appelait les *carlistes* et le *parti-prêtre*, pouvait amener un bouleversement administratif ou une rupture avec l'antique re-ligion du pays; mais fallait-il sitôt passer à ces précautions mal-adroites envers des hommes qui dédaignent le Gouvernement actuel, à ces encouragements pour le clergé, qui sont la faiblesse des gouvernements nouveaux, trop pressés de s'éloigner de leur origine? »

Nous cherchons quelque exemple de ces prévenances mal-adroites dont parle M. Thiers, et nous n'en trouvons pas; mais, en revanche, nous voyons que M. Thiers et ses amis, que M. Gui-zot et ses amis ont signé l'engagement de porter partout les lé-gitimistes dans les élections et de voter pour eux. En fait d'a-vances, nous n'en voyons pas de plus décisives que celles-là, et si M. Thiers éprouve de la répugnance à favoriser le parti légi-timiste, nous ne comprenons pas sa conduite, qui tend à mainte-nir et à augmenter ce parti dans la Chambre, par conséquent à lui donner plus d'influence dans le gouvernement!

Ce grief arrête toutefois sérieusement M. Thiers. Il lui plaît de voir une invasion d'émigrés dans le Gouvernement, comme au temps de Napoléon, qui manqua, dit-il, d'habileté et de grandeur quand il se hâta d'attirer ces mêmes émigrés dans sa cour et d'accumuler autour de son trône toutes les pompes de l'Eglise. Où sont donc, s'il vous plaît, ces émigrés qui assiégent les Tuileries ? Nous ne voyons autour du trône que des vieux soldats de Napoléon, qui ont acheté par vingt ans de combats, puis par vingt ans d'exil ou de disgrâce, l'honorable retraite qu'ils ont trouvée près du roi. A ses fêtes, à ses réceptions, figurent des députés, des pairs, des citoyens de tous les rangs, des industriels, des savants, tous ceux qui exercent un droit politique, ou qui se sont recommandés à l'estime publique par de nobles succès, par une vie laborieuse, par des services rendus au pays. Où est la place des *émigrés* dans tout cela ? Quel rapport trouver entre Napoléon qui restaurait l'étiquette de Louis XIV, et Louis-Philippe et ses enfants, dont le parti de l'ancienne cour critique chaque jour, dans ses journaux, les mœurs simples et bourgeoises ! M. Thiers a bien raison de terminer cette longue partie de sa lettre en disant que ces faits sont d'une médiocre importance. Ajoutons que ces griefs sont nuls ou puérils, et passons avec lui à ceux qu'il regarde comme plus graves, au chapitre des affaires étrangères.

Une discussion de douze jours, où M. Molé est monté dix-sept fois à la tribune pour répondre victorieusement à M. Thiers ne lui suffit pas. M. Thiers réveille une vieille querelle qui ne s'est pas terminée à son avantage, et où il a fait briller un talent digne d'une meilleure cause. « Le Gouvernement a été faible au dehors comme au dedans, dit M. Thiers, qui tout à l'heure s'était séparé de lui parce qu'il avait montré, disait-il, trop de rigueur. Le Gouvernement a voulu prouver à l'Europe qu'il ne s'intéresse qu'à sa propre existence ; qu'il est indifférent à l'Italie, à l'Espagne, à la Belgique, et à tous les États dont le cabinet antérieur avait pris la défense. » Nous venons de voir, par les citations de M. Thiers, de quelle manière il avait pris la défense de l'Italie, comment il entendait alors donner à la Belgique plus que ne lui accordent les traités, de quelle façon il envisageait la nationalité de la Pologne. Et le ministère actuel aurait fait moins ! M. Molé qui, de l'aveu de M. Thiers, a maintenu l'intégralité de la Belgique, aurait voulu prouver à l'Europe que la Belgique ne l'intéresse pas ! Voilà sans doute pourquoi il combat depuis six mois pour elle dans la conférence, et comment il est parvenu à faire modifier à son avantage toutes les conditions financières du traité des vingt-quatre articles ! En ce qui est d'Ancône, M. Thiers dit que l'engagement qui a été pris envers nous n'a pas été exécuté. Cet engagement consistait à faire évacuer les Marches par les Autrichiens, et déjà avant l'embarquement de nos troupes, il ne restait pas un Autrichien dans les Marches. En Belgique, dit M. Thiers, il y avait un traité, mais personne ne l'avait exécuté. On avait modifié les dix-huit articles signés précédemment, M. Thiers demande pourquoi on n'a pas modifié les vingt-quatre articles. Est-ce un jeu de l'imagination de M. Thiers, que la reproduction de pareils arguments ? M. Thiers, qui a été ministre des affaires étrangères, peut-il sérieusement avoir oublié que le traité des dix-huit articles était un acte émané spontanément de la conférence de Londres, tandis que le traité des vingt-quatre articles, qui règle les limites de la Belgique et de la Hollande, a été fait à la demande réitérée de la Belgique, et que le plénipotentiaire belge à Londres l'a sollicité comme une faveur, en invoquant la garantie de la France ? M. Thiers ne sait-il pas que la Belgique a demandé à signer ce traité et à le rendre obligatoire, sans la participation du roi des

Pays-Bas, qui se refusait à traiter? M. Thiers ignore-t-il que la Belgique a traité avec les cinq puissances, sous leur garantie, et que le traité des 24 articles est l'acte même qui établit sa nationalité en Europe? On a donc pu modifier les 18 articles, tandis que l'on ne pouvait modifier les 24 articles que sous le rapport financier, car un des articles de ce traité réservait expressément la révision de ce qui était relatif à la dette des deux États. C'est pour ce motif, qu'eu égard aux dispendieux déploiements de forces militaires que le roi de Hollande a rendus nécessaires par son refus de signer le traité pendant huit ans, la conférence vient de libérer la Belgique d'une somme énorme, et ce résultat important est dû aux efforts de M. Molé. Il est vrai que M. Molé ne fera pas avancer une armée et ne fera pas la guerre à l'Europe pour détruire un traité que la Belgique a invoqué depuis huit ans, comme la charte de ses droits et le titre légal de son indépendance. Si c'est ainsi que M. Thiers entend la dignité de la France, il diffère, en effet, essentiellement du cabinet du 15 avril, qui croirait manquer à tous ses engagements et commettre un acte d'agression et de violation des droits, en donnant par les armes, à la Belgique, un territoire qui est devenu, depuis le traité de Vienne, un État dépendant du roi de Hollande, en sa qualité de duc de Luxembourg. Libre maintenant à M. Thiers de s'écrier que le Limbourg et le Luxembourg se sont insurgés en même temps que la Belgique, et doivent partager son sort. M. Thiers sait bien par lui-même qu'il ne faut pas donner les mains à toutes les révolutions, et la Belgique a partagé ce principe; car, en signant le traité des 24 articles à Londres, elle n'a pas revendiqué ces deux territoires : elle les a abandonnés à leur propre sort.

M. Thiers vient ensuite à l'Espagne, et ses arguments ne sont pas meilleurs. « Il y avait un traité aussi en Espagne, dit-il, et ce-

lui-là a-t-on songé à l'exécuter ? Puisqu'on était si jaloux de demeu-
rer fidèle aux traités, et on avait raison de l'être; puisqu'on se
montrait si pressé d'exécuter la convention d'Ancône, d'exécuter
le traité des 24 articles, pourquoi ne pas montrer le même em-
pressement pour le traité de la quadruple alliance ? Pourquoi se
défendre de l'exécuter au point de refuser à la malheureuse Espagne le secours si facile, si peu compromettant de nos vais-
seaux ?

« Il y avait doute, dit-on, sur la valeur du traité de la quadruple alliance ; mais il y avait doute aussi sur la valeur de la
convention d'Ancône ; il y avait doute sur le traité des 24 articles. Ne craint-on pas que chacun fasse cette réflexion si simple:
c'est que sur les trois points on résout le doute dans le même
sens, et contre nos propres intérêts ? Ainsi, à Ancône on exécute
les traités, mais contre la cause de la révolution ; en Espagne,
au contraire, on refuse de les exécuter, mais ici encore contre la
cause de la révolution, toujours, dans tous les cas, on exécute ou
l'on n'exécute pas contre la même cause, celle de la révolution. »

Eh bien ! M. Thiers apprécie encore mal le traité de la qua-
druple-alliance. Ce traité a été publié, chacun a pu le lire. Que
dit-il ? Que les quatre puissances devront se secourir, et qu'une
coopération pourra avoir lieu en Espagne, mais de l'accord una-
nime des quatre puissances, et après avoir réglé entre elles ce
mode de coopération. Or, la demande d'intervention, faite par
l'Espagne à Paris et à Londres n'a pas trouvé d'assentiment en
Angleterre. Le cabinet anglais a refusé de s'entendre avec le Gouvernement français, qui lui proposait d'occuper concurremment
Saint-Sébastien et le fort du Passage, et ce refus a dû empêcher
de passer outre. Il n'est donc pas vrai qu'il y ait eu doute,
comme le dit M. Thiers, sur aucun des trois traités. La con-

vention d'Ancône était très nette, elle a été exécutée. Le traité
des 24 articles traçait les limites de la Belgique sans aucune
équivoque, nous avons dû renoncer à changer par la force ces
limites acceptées par la Belgique et garanties par nous. Le traité
de la quadruple alliance exigeait l'unanimité des puissances
contractantes pour la coopération; nous avons dû renoncer
à coopérer, puisque l'Angleterre refusait son assentiment. Où
est le doute, où est l'incertitude, et comment échapper à des
traités si formels? Une dépêche de M. Thiers, lue à la tribune
par M. Molé, prouve bien que M. Thiers enjoignait à notre am-
bassadeur de refuser l'évacuation d'Ancône, même après le dé-
part des Autrichiens; mais c'était substituer la force au droit,
et nous ne voyons pas que ce soit là un moyen bien sûr de
maintenir la paix, quoique M. Thiers déclare qu'il la croit plus
compromise qu'assurée par la conduite de M. Molé!

Quant à nous, nous pensons que non-seulement nous aurions
allumé la guerre par une conduite contraire, mais encore que
nous l'aurions partout. Récapitulons un peu ce qu'a voulu
M. Thiers depuis le 22 février 1836 :

L'intervention en Espagne, d'abord, au sujet de laquelle
M. Thiers a quitté le ministère;

Le maintien de nos troupes à Ancône, en dépit de la convention de Casimir Périer et après l'évacuation des Autrichiens,
selon les ordres donnés par M. Thiers dans sa fameuse dépêche;

La rupture du traité des 24 articles que M. Thiers déclare non
définitifs et faits pour être modifiés, tandis que la conférence
s'est montrée d'un avis contraire.

Ainsi, vous vouliez à la fois intervenir en Espagne, garder
Ancône et vous opposer au traité des 24 articles. C'était la

guerre en Espagne d'abord, puis en Italie avec l'Autriche et les princes de la Haute-Italie, et la guerre en Belgique contre l'Autriche, la Russie, la Prusse, la Confédération germanique que vous voulez dépouiller., et enfin avec l'Angleterre. Comptons maintenant les forces qui vous seraient nécessaires.

En Italie, l'Autriche a 120,000 hommes à faire marcher en peu de jours, et le seul roi de Sardaigne a une armée de 100,000 hommes. Cent cinquante mille hommes ne seraient donc pas de trop.   150,000

L'intervention en Espagne, au dire d'un prince espagnol, serait l'affaire de dix ans et de cent mille hommes.   100,000

Et en Belgique, deux cent mille hommes ne seraient pas de trop pour faire face aux cinq puissances   200,000

450,000

Tel est le contingent actif que nécessiterait le système de paix de M. Thiers ; il dépasserait grandement le chiffre de nos forces actuelles, et cependant il ne nous resterait pas un soldat pour l'Afrique, pour nos places fortes et le reste de notre système de défense !

Que M. Thiers vienne demander maintenant si ce qu'il nomme le système d'abandon a éloigné ou amoindri une seule difficulté, nous lui demanderons ce qui serait advenu des mesures qu'il eût prises conformément aux principes qu'il expose ! M. Thiers veut la paix. « On dit que mes amis et moi nous voulons la guerre, s'écrie-t-il, *c'est un mensonge.* » Soit, vous ne voulez pas la guerre, mais vous l'auriez si vous gouverniez ainsi ; de même que nous ne vous accusons pas de vouloir la république, quoique vous fassiez, en ce moment, tout ce qu'il faut pour nous la donner, et avec elle la propagande, ainsi qu'une conflagration générale.

Vous demandez aussi qu'est devenue l'alliance de la France et de l'Angleterre. Nous vous dirons qu'elle est telle que vous l'avez laissée, et peut-être plus solide encore, car des traités de commerce importants l'ont consolidée, et le plus important de tous, une convention de douanes entre les deux pays, s'élabore en ce moment. Ne semble-t-il pas, en vérité, que M. Thiers et M. Guizot aient emporté avec eux l'alliance anglaise quand ils ont quitté le ministère, et qu'ils nous la rendront à leur retour ? Qu'ils consultent donc leurs amis, s'ils en ont en Angleterre, qu'ils fassent demander à lord Palmerston ce qu'il pense de leur conduite actuelle ! Des hommes politiques du plus grand poids, non suspects de partialité, et qui sont bien loin d'être défavorables à M. Thiers, ont rapporté d'étranges impressions à leur retour de Londres et y ont entendu de sévères paroles à l'égard de nos hommes d'état de la coalition. On sent à Londres que la paix de l'Europe est intéressée à ce que la coalition échoue, et l'on y parle en conséquence. Si elle s'emparait des affaires, le moment d'agir conformément à ces paroles serait venu sans doute ; car, en Angleterre, les actes découlent des principes. La coalition fera bien de ne pas l'oublier.

Nous le répétons, c'est la guerre où mènent directement vos voies *pacifiques* et votre manière d'entendre les traités. La guerre, et dans quel temps ! Quand la France a tout à gagner par la paix, quand elle n'a nul motif de se jeter dans la voie des conquêtes et des entreprises violentes. Voyez les progrès immenses que la France a faits depuis six ans ; elle les doit à la paix et au système que vous blâmez aujourd'hui. Quelles concessions, autres que l'exécution des traités, a-t-elle faites en retour ? Aucune.

Qui songe à nous provoquer, à nous insulter en Europe? N'a-t-on pas vu à Lisbonne, à Ancône, à Anvers, en Afrique, à la Vera-Cruz, que nous n'avons rien perdu de notre vieille ardeur militaire, et ne serions-nous pas fous de braver l'Europe et de l'attaquer pour répondre au reproche de lâcheté qu'une opposition oisive adresse au Gouvernement depuis huit ans? Et pourquoi la France se jetterait-elle ainsi au travers de l'Europe? Jamais les circonstances ne nous furent plus favorables, malgré quelques embarras partiels et passagers. L'alliance de l'Angleterre et de la France, sauvegarde des libertés constitutionnelles en Europe, n'a jamais été commandée par des circonstances plus impérieuses. La Russie et l'Autriche, la Russie et l'Angleterre sont en lutte pour leurs intérêts en Orient, et cette rivalité ne cesserait que si la France inquiétait ces États en cherchant à renouveler en Europe la grande lutte révolutionnaire. La Prusse a ses embarras du côté du Rhin et du duché de Posen; le système d'alliances qu'elle voulait établir entre la noblesse westphalienne des anciens cercles du Rhin et la noblesse militaire de la vieille Prusse a causé de profonds mécontentements parmi ses nouveaux sujets, et les questions religieuses ont encore étendu et agrandi ces germes. La Bavière et la Prusse se font une guerre sourde et acharnée sur le terrain des questions protestante et catholique. La rivalité entre l'Autriche et la Prusse s'est augmentée par l'effet du système de douanes prussien, et l'alliance de famille entre la Prusse et la Russie couvre à peine les dissentiments que font naître chaque jour les nouveaux intérêts commerciaux de ces deux États. Tant que la France s'est montrée jalouse de sa parole, tant qu'elle a respecté religieusement les traités, les différents États de l'Europe ont cru pouvoir se livrer avec sécurité à leurs motifs réciproques de division; mais un geste menaçant de la France, fait mal à propos, suffirait pour rétablir en Europe la bonne harmonie de 1815 et de 1830. Déjà, depuis le commencement la discussion de l'adresse, les rapports les plus exacts nous ont appris que toutes les grandes puissances se remettent sur le pied de guerre ; l'Autriche remplit les cadres de son armée, la Prusse rappelle ses landwehr et ses réserves, la Russie fait avancer des troupes sur la Vistule et arme ses flottes de la mer Noire ; enfin l'ordre est donné, en Angleterre, de mettre sur un pied respectable la flotte et, ce qui est plus sérieux, l'armée de terre. M. Thiers et M. Guizot vantent sans cesse le cabinet du 13 mars. Ce ministère n'avait qu'un but : faire désarmer l'Europe, réduire les factions, et il y parvint. Qu'a fait la coalition, qu'a produit M. Guizot, quel résultat a obtenu M. Thiers, qui, avec le talent et l'éloquence, a aussi la popularité qui manque à M. Guizot ? Leur ouvrage est sous nos yeux ; ils ont fait armer de nouveau l'Europe et ils ont relevé les factions.

Il n'importe, les reproches de la coalition ne tarissent pas et tombent de toutes parts sur le Gouvernement. Dans sa lettre aux électeurs de Lizieux, M. Guizot se plaint du peu de fermeté du Gouvernement à l'intérieur ; il demande un pouvoir fort, décidé, un chef qui force le pays à le suivre, et sans doute M. Guizot ne demande pas un chef qui mène la France dans une voie opposée à celle des doctrinaires. Dans sa lettre aux électeurs d'Aix, M. Thiers revient à chaque moment sur les mesures de rigueur accumulées, dit-il, au-delà du terme de l'utilité. Il s'ensuit que M. Guizot veut quelque chose de plus que les lois de septembre, et qu'il veut encore toutes les lois retirées au 15 avril, tandis que M. Thiers semble demander l'abrogation des lois de septembre et peut-être quelque chose de plus. Nous ne disons pas que M. Guizot est sous l'influence de M. Berryer,

sa propre influence suffit pour motiver ces vœux; mais assurément M. Thiers est, à cette heure, sous l'influence de M. Odilon
Barrot, et dans tous les cas il est permis de demander à M. Guizot
et à M. Thiers quel singulier nœud les unit et ce qu'ils font ensemble.

C'est sur le vote des Chambres que M. Thiers appuie le blâme
dont il frappe le Gouvernement! Nous ne savions pas, en vérité, que la majorité de la Chambre des pairs se fût réunie à l'é-
loquence de M. Cousin et de M. Villemain. Pour la Chambre des
députés, elle a simplement changé, d'un bout à l'autre, le projet
d'adresse rédigé par M. Thiers et les autres membres de la majorité de la commission. Elle a approuvé tout ce que M. Thiers
et ses amis avaient blâmé, et elle a soutenu, par un acte inouï
jusqu'à ce jour, le ministère qu'ils voulaient renverser. Il n'est
pas d'exemple, en effet, d'une adresse si différente du projet pri-
mitif, depuis l'établissement du Gouvernement représentatif en
France. C'est qu'aussi il n'est pas d'exemple d'une commission
aussi violente et aussi exagérée que celle dont la Chambre a fait
justice. Mais il paraît que les sentences de la Chambre sont
comme non avenues pour les membres de la coalition. M. Thiers
avance que c'est le ministère que la Chambre a prétendu blâmer
en renversant le projet d'adresse, et que c'est pour punir la majorité, qui a voté pour lui, que le gouvernement a prononcé la
dissolution! A la bonne heure; après un tel raisonnement, il est
tout naturel de comparer le ministère au Gouvernement de Charles X, qui méconnaissait le vote de la majorité, et M. Thiers ne
manque pas de le faire. Toutes les circonstances se trouvent
conformes à ses yeux. Le gouvernement qui ne veut pas la
guerre avec l'Europe, c'est le gouvernement de Charles X, qui
ne voulait pas souffrir la contradiction; le cabinet qui entend

respecter les traités, et qui se refuse à déchirer avec la pointe des baïonnettes les engagements qu'il a signés, c'est le cabinet de M. de Polignac, qui voulait déchirer la charte; aussi la monarchie de juillet est à la veille de tomber dans l'abîme où M. Thiers a précipité la Restauration! Les projets, les menaces du pouvoir sont les mêmes, et il faut lui répondre comme on le fit alors! M. Thiers, M. Duvergier de Hauranne et ses amis ont attaqué personnellement le roi dans leurs pamphlets; ils ont déclaré qu'ils avaient formé une coalition pour faire cesser son intervention dans les affaires. C'était leur droit. Mais ceux qui leur répondent attentent au droit de ces messieurs! « Le gouvernement représentatif, dit M. Thiers, est celui où les citoyens ont toute liberté de soutenir ce qu'ils croient vrai, même quand ils se trompent. Si, tandis que je discute de bonne foi les actes du Gouvernement, on dérobe les ministres pour m'opposer l'image du roi, on m'arrête ainsi avec cette image auguste, mais on m'ôte ma liberté! Et cette liberté, s'écrie M. Thiers dans un beau mouvement digne de la convention nationale, je la réclame, car nous l'avons acquise en 1830 au risque de notre tête! »

Nous regrettons de voir un homme aussi sensé que M. Thiers jouer un moment le rôle de ce ridicule et fameux orateur qui attaquait jadis le ministère anglais, en disant qu'on en voulait à sa tête. M. Guizot et M. Thiers devraient s'entendre un peu mieux ensemble. L'un dit à ses électeurs que le Gouvernement est faible, qu'il s'amoindrit, qu'il s'en va; l'autre le voit oppresseur, et il réclame sa liberté dont on le prive. Que veut dire tout ceci? Est-ce bien à des électeurs, à des hommes de bon sens qu'on adresse ce langage doublement absurde et contradictoire? En quoi le ministère a-t-il opposé la royauté à la coalition? En quoi s'est-il dérobé à la responsabilité qui lui appartient ? Ne l'a-t-il pas engagée, au contraire, dans toutes les questions, et la dissolution de la Chambre dont vous vous plaignez n'est-elle pas le plus grand acte de la responsabilité ministérielle? Nous l'avons déjà dit à M. Guizot, cette responsabilité qui couvre la Couronne, le ministère l'a courageusement engagée à Constantine, à Haïti, en Suisse, à la Vera-Cruz, et il est prêt à l'engager encore dans toutes les circonstances où l'honneur et la dignité de la France seront en jeu. Quant à la liberté que M. Thiers réclame, n'est-ce pas une dérision? Qui a usé plus que M. Thiers de *la liberté de trouver mauvaise la politique intérieure, mauvaise la politique extérieure*, pour nous servir de ses expressions ? La tribune de la Chambre retentit encore de ses derniers discours, et les pages du *Constitutionnel*, si violentes et si injurieuses, viennent chaque jour prouver que M. Thiers n'est entravé ni dans ses libertés d'orateur ni dans ses libertés d'écrivain. La vérité est que le ministère n'est ni faible ni oppresseur, mais qu'il a tenté de concilier les partis au bénéfice du pays. Il n'a réussi qu'à concilier les hommes qui veulent avec désintéressement le bien de la France, et c'est ainsi qu'il a formé cette belle majorité des 221, unie par les principes, sans aucune autre influence. Il est vrai qu'il a irrité davantage ceux qui veulent régner à la faveur des désordres des partis, et qui ne seraient rien si les partis cessaient la guerre qui fait leur importance et leur réputation, car ils sont plus propres à la lutte qu'aux affaires, et il en est peu parmi eux qui unissent à la suite et au calme que demande l'administration les qualités brillantes qui font réussir à la tribune. M. Thiers eût été de ce nombre, s'il ne s'était laissé entraîner par les partis. Il reviendra à de meilleures pensées, et il retrouvera sans doute l'usage des belles facultés dont il est doué, si les électeurs l'obligent à reconnaître qu'il s'est trompé.

Une dernière circonstance a involontairement reporté M. Thiers aux souvenirs de 1829. C'est la présence, dans l'opposition, d'un grand nombre d'ennemis du Gouvernement, et il invoque les noms de M. Royer-Collard, de M. Pasquier et de M. Hyde de Neuville. Mais M. Royer-Collard, dont parle M. Thiers, est maintenant dans les 221, et la voix de ce doyen du régime représentatif en France est celle qui blâme le plus sévèrement les chefs de la coalition. D'ailleurs, M. Royer-Collard ne faisait pas à la Restauration une guerre de portefeuilles, et ce n'était pas non plus pour être ministres que M. Pasquier et M. Hyde de Neuville s'étaient séparés du Gouvernement. En général, M. Thiers fera bien de se défier de ce goût de parallèle entre le Gouvernement de juillet et la Restauration, qui faisait déjà les frais de la politique du *Constitutionnel*, huit ans avant que M. Thiers ne revînt y prendre la plume. Un esprit juste et étendu ne doit pas tomber dans cette faiblesse commune, qui fait qu'on se reporte toujours à ses souvenirs les plus brillants.

Il y a dans les amis actuels de M. Thiers, amis anciens et repris depuis peu, de vieux conventionnels qui lui avaient inspiré l'admiration de 1793, qu'il a exprimée dans son *Histoire de la Révolution*. Ceux-là se croient toujours à la veille de lutter avec l'Europe, conjurée par Pitt et Cobourg, et ne parlent que de lancer leurs quatorze armées contre elle. Il y a encore près de M. Thiers des hommes d'état du directoire qui ne voient que corruption, et qui se figurent toujours que l'État va périr sous les dilapidations des fournisseurs. Il y avait même dans l'opposition de la Restauration de jeunes libéraux de 1825, qui en sont déjà aux redites, et qui voient partout l'époque mémorable de leur vie, les journées de la résistance de juillet, cherchant à

chaque fait une ressemblance aux faits passés, comme fit longtemps M. Guizot quand il comparait 1688 et 1830, la révolution
d'Angleterre et la révolution de France. Voilà ce que M. Thiers
doit craindre d'imiter, car sa pensée, longtemps indépendante,
cesserait de l'être s'il obéissait à de telles impressions.

M. Thiers demande s'il doit renoncer à ses opinions parce
que des hommes d'une opposition plus ancienne votent avec lui.
Ce n'est pas parce qu'il vote *avec eux*, mais parce qu'il vote
comme eux, que M. Thiers a tort. Ce n'est pas son indépendance du Gouvernement que nous blâmons, mais sa dépendance
de vingt partis différents qui sont loin de lui accorder leur
estime. Nous n'en voulons pour preuve que le *National*
qui n'a été frappé dans la lettre de M. Thiers, qu'il publie,
que d'un *grand luxe* d'habileté, et qui s'étonne du jugement
sévère qu'il porte contre un pouvoir qu'il a servi avec un *zèle
aveugle*. La leçon est rude, mais elle est méritée.

Quant à persévérer dans sa ligne de conduite actuelle,
comme l'annonce M. Thiers, nous croyons qu'il se ravisera.
M. Thiers n'est pas un de ces esprits inflexibles qui refusent le
conseil des événements. Il a déjà varié depuis la révolution de
juillet, et il se trouve dans des rangs où ont été étonnés de le re-
cevoir ceux qui y figurent et qui ne changent pas. Ceux-là se
nomment Odilon Barrot, Garnier-Pagès, Cormenin, Salverte,
et M. Thiers est destiné à ne pas rester longtemps parmi eux.
Il lui sera bien pénible alors de se rappeler qu'il a proscrit en
quelque sorte ses meilleurs amis et ses anciens soutiens, et qu'il
s'est efforcé de les écarter des élections par une circulaire signée
de son nom. Que diront-ils quand M. Thiers viendra plus tard
leur demander secours contre ceux qu'il soutient aujourd'hui ?
Et ce moment ne serait pas éloigné si nous partagions les espé-

rances de M. Thiers ; ce serait peu de jours après son entrée aux affaires, où il se trouverait bien isolé.

Déjà M. Odilon Barrot disait il y a peu de jours : « Le ministère me vient. Je ne l'ai pas souhaité, il vient trop tôt peut-être ; mais, quoi qu'il en soit, je saisirai la première occasion de m'emparer des limites du Rhin. » Or, s'emparer des limites du Rhin c'est la guerre, la guerre que ne veut pas M. Thiers, mais que M. Odilon Barrot se croit très fondé à faire d'après les principes de M. Thiers, car s'il est permis de déchirer les traités, il vaut mieux déchirer ceux de 1815 qui nous empêchent de nous étendre jusqu'au Rhin, que celui des 24 articles qui empêche les Belges de s'adjuger un morceau du Limbourg. Les risques sont les mêmes ; et, si nous faisons la guerre, faisons-la du moins pour nous. M. Thiers a beau vouloir, comme il le dit à ses électeurs, une politique prudente, mais nationale, modérée, mais libérale ; s'il entre aux affaires sur les ruines du système du 13 mars qu'il combat, et avec l'appui des députés du compte-rendu, ses alliés d'aujourd'hui, il subira les conséquences de leurs principes, qu'ils trouvent, eux aussi, prudents, nationaux, modérés et libéraux !

M. Thiers demande, en finissant, s'il sera ministre. M. Thiers sera député ; et pour le bien de la France, pour son propre bien, pour la paix de l'Europe, il faut espérer qu'il ne sera rien de plus à présent. Nous le disons à regret, nous qui admirons son talent ; mais nous le disons hautement, et, pour nous servir de ses propres paroles, nous aimons mieux lui déplaire que le trahir par une complaisance qui le perdrait.

Paris, 14 février 1839.

IMPRIMERIE DE E. DUVERGER, RUE DE VERNEUIL, N° 4.

www.ingramcontent.com/pod-product-compliance
Lightning Source LLC
Chambersburg PA
CBHW061329050726
47595CB00005B/1845